Sebastian Sander

Das Internet. Freiheit für alle oder Kontrolle durch den Staat

GRIN Verlag

Bibliografische Information der Deutschen Nationalbibliothek:

Die Deutsche Bibliothek verzeichnet diese Publikation in der Deutschen National-
bibliografie; detaillierte bibliografische Daten sind im Internet über http://dnb.d-
nb.de/ abrufbar.

Impressum:

Copyright © 2012 GRIN Verlag GmbH
Druck und Bindung: Books on Demand GmbH, Norderstedt Germany
ISBN: 978-3-656-41471-1

Dieses Buch bei GRIN:

http://www.grin.com/de/e-book/212215/das-internet-freiheit-fuer-alle-oder-kontrol-
le-durch-den-staat

GRIN - Your knowledge has value

Der GRIN Verlag publiziert seit 1998 wissenschaftliche Arbeiten von Studenten, Hochschullehrern und anderen Akademikern als eBook und gedrucktes Buch. Die Verlagswebsite www.grin.com ist die ideale Plattform zur Veröffentlichung von Hausarbeiten, Abschlussarbeiten, wissenschaftlichen Aufsätzen, Dissertationen und Fachbüchern.

Besuchen Sie uns im Internet:

http://www.grin.com/

http://www.facebook.com/grincom

http://www.twitter.com/grin_com

Einleitung

Das Internet, hervorgegangen aus dem im Jahre 1969 vom US-Verteidigungsministerium geschaffenen ARPANET[1], ist herangewachsen zu einem Medium der Superlative. Was anfangs das Übertragen von Textnachrichten von A nach B ermäglichte, ist heute ein Ort der sozialen Netzwerke, in denen man sich selbst präsentieren und Kontakt zu anderen halten kann, der Blogs und anderen Foren, in denen Meinungen diskutiert werden und ein Platz für Firmen vom Groß- bis hin zum Einzelhändler, um Waren zu vermarkten. „Diese Netzwelt ist", so Dieter Klumpp, „ein Ergebnis gesellschaftlichen, wirtschaftlichen und politischen Willens, des Suchens und Irrens, nicht zuletzt des menschlichen Strebens nach der 'besseren Welt'". Was würde nun aber passieren, wenn im Internet eine völlige Freiheit herrschen würde und was, wenn der Staat das komplette Internet kontrollieren könnte?

Insbesondere national wurden bereits etliche gesetzliche Vorgaben beschlossen und umgesetzt. Da das Internet sich rechtlich gesehen aber über Landesgrenzen hinweg erstreckt, reichen diese nicht aus.

Bisher ist das Internet ein zu großen Teilen rechtsfreier und unkontrollierter Raum, Michael Kneissler beschreibt dies als "das größte Geheimarchiv der Welt, in der alles für die Ewigkeit gespeichert wird"[2] Und diese Formulierung trifft sehr gut zu. Denn das, was wir für das große unendliche Internet halten, ist nur ein Bruchteil dessen, was es in Wirklichkeit an Größe besitzt. Wir surfen sozusagen nur auf der Oberfläche und sehen nur das darauf treibende. Der Großteil jedoch spielt sich unter dieser Oberfläche ab: dem „Deep Internet". Unter diesem Begriff befinden sich Firmen, polizeiliche Server und ähnliches, dessen Inhalt nicht frei verfügbar ist. Oder soll auch bei diesen Daten die Gesellschaft erfahren, um welche Inhalte es sich handelt und Informationsfreiheit herrschen? Zudem ist das www(WorldWideWeb) nicht das einzige Netzwerk, dass weltumfassend besteht. Das Darknet (ein Teil des Deep Webs) ist ein Netzwerk, in dem Unmengen Material lagert, dass illegale Inhalte enthält. Nur Internetnutzer mit der richtigen Kennung haben Zugriff auf diese Inhalte. Sollten auch diese Netzwerke kontrolliert werden, oder ist ein freier Datenaustausch doch der beste Weg?

Es ist interessant zu erfahren, welche Regelungen es auf internationaler Basis gibt, oder ob überhaupt einheitliche Regelungen vorhanden sind. Das Thema interessiert mich aus dem Grund, da es sehr aktuell ist und für die Zukunft richtungsweisend sein wird.

1. Die Inhalte des Internets

Zuallerst einmal ein Einblick auf das, was das Internet alles bietet.[3] Es enthält eine Vielzahl von verschiedenen digitalen Angeboten, die man grob in sechs Gruppen unterteilen kann. Gaede beschreibt dies wie folgt:
"An erster Stelle steht dabei die E-Mail (electronic mail), die es erlaubt, Nachrichten per Internet zu senden und zu empfangen." E-Mail Dienste sind beispielsweise *web.de* von der *1&1 Mail & Media GmbH* oder *GoogleMail* von *Google.*
"Sogenannte Newsgruppen dienen zum Verteilen von Meldungen und Diskussionsbeiträgen." Dienste wie *Facebook.com* oder *Twitter.com* fallen zum Beispiel in diese Kategorie.
"Das IRC (internet relay chat) ist ein Medium, mit dem man sich mit anderen über ein Thema unterhalten kann, auch "chatten" genannt." Anwendungen, die dies ermöglichen,

---

1   Vgl.: http://de.wikipedia.org/wiki/Internet, (Stand 6.3.12)
2   Vgl.: Kneissler, Michael: WunderWeltWissen Nr.2/2012, Seite 76ff
3   Vgl.: Gaede, Günther: Geo Themenlexikon, Naturwissenschaften und Technik 7, Seite 558ff

sind zum Beispiel der ICQ *Messenger, MSN* oder *GoogleTalk.*

"Das Homebanking, also das Abwickeln von Bankgeschäften von zu Hause aus, bieten die Banken auf den der jeweiligen Bank zugehörigen Internetseite an."

"E-Commerce beschreibt den Handel mit Waren und Dienstleistungen per elektronischer Kommunikation." Bekannte Anbieter solcher Angebote sind beispielsweise *Amazon, Zalando* oder *Ebay.*

"Ein noch sehr neuer Dienst ist das Telefonieren via Internet (IP-Telefonie)." Anbieter solcher Leistungen sind zum Beispiel *Skype* oder *MSN.*

All diese digitalen Angebote rücken immer mehr ins Zentrum unseres alltäglichen Lebens. Michael Kneissler führt eine Cisco-Studie an, die über eine "Explosion der Bytes" berichtet. Die Studie besagt, dass "2010 jeder Internetbenutzer pro Monat 7,3 Gigabyte übertrug. 2015 werden es schon 24,8 Gigabyte sein. Ein Zettabyte an Daten (eine Zahl mit 21 Nullen) rast dann jährlich durch das World Wide Web." [4]

Neben diesen seriösen Anbietern der verschiedenen Dienste gibt es jedoch auch eine Vielzahl von Internetpräsenzen, die versuchen, mithilfe von falschen Angeboten an Geld zu kommen und/oder private Informationen von Internetbenutzern zu erfassen. Doch viele Staaten haben Instrumente entwickelt, die dazu beitragen sollen, dass bestehendes Recht gewahrt wird. Ihre Instrumente zielen oft darauf ab, dass bestimmte Inhalte nicht abgerufen werden können, um die politischen und wirtschaftlichen Landesstandards- welcher Art auch immer – zu erhalten.

1.2 Und welche Möglichkeiten es gibt, um Informationen zu beschränken

In Deutschland beispielsweise ist die Verherrlichung der nationalsozialistischen Kriegsverbrechen und die Leugnung des Holocaust per Gesetz verboten. In Ländern mit anderen Gesetzen stehen solche Inhalte jedoch nicht unter Strafe und dürfen verbreitet werden. Bei einer Suchanfrage von Deutschland aus bei einer der Suchmaschinen im Internet würde bei einer Suche kein Treffer zu einem solchen Thema erscheinen, bei dem der Holocaust verleugnet oder verherrlicht wird, da Google und andere Suchmaschinenanbieter per deutschem Gesetz dazu angehalten sind, solche Ergebnisse auszublenden. Dort steht dann z.B. „Aus Rechtsgründen hat Google 1 Ergebnis(se) von dieser Seite entfernt"[5]. Würde man jedoch angeben, dass man mit einem kanadischen Provider die Suche einleitet, würden auch solche Suchergebnisse auftauchen. Europaweit gab es 2009 einen Beschluss, der Internetdienstanbieter verpflichtet, den sexuellen Missbrauch von Kindern zu dokumentieren und zu sperren.[6] Dabei wird der Name der Website auf eine schwarze Liste getan und kann nicht mehr aufgerufen werden. Zudem arbeitet die EU daran, einen Filter zu entwickeln und so die Cybercrimebekämpfung innerhalb der Europäischen Union effektiver zu gestalten. Mehrfach stand auch eine Ausweitung der bisherigen Sperrmaßnahmen zur Debatte, die sich auf Glücksspielangebote, gewaltfördernde, urheberrechtlich bedenkliche Webseiten und Dateiaustausch (Filesharing)-Anbieter bezieht.

In Frankreich existiert seit fast zwei Jahren die Behörde "HADOPI" (Haute Autorité pour la diffusion des oeuvres et la protection des droits sur l'Internet), die sich mit Urheberrechtsverletzungen im Internet befasst und Warnungen an Nutzer verschickt, die gegen Gesetze verstoßen. Bei drei Verwarnungen erhält der Nutzer eine Strafe, die

---

4 Vgl.: Kneissler, M., WunderWeltWissen, Seite 76ff

5

   http://www.google.de/search?client=opera&q=holocaust+nicht+stattgefunden&sourceid=opera&ie=utf-8&oe=utf-8&channel=suggest

6 Vgl.: (Leider keinen Autoren gefunden): http://de.wikipedia.org/wiki/Zensur_im_Internet (Stand: 6.03.12)

neben dem einen Monat gesperrten Internetzugang auch eine Geldstrafe von bis zu 1.500 Euro nach sich ziehen kann. Hierbei sind die Internetprovider verpflichtet, den Datenverkehr ins Internet zu überwachen. Nach Angaben der Behördenleiterin Marie-Francoise sollen bereits 650.000 Franzosen eine erste Warnung erhalten haben. Bei dieser Maßnahme werden keine Webseiten gesperrt, sondern die illegalen Aktivitäten registriert und bestraft. Dies erscheint auch logisch, zumal nur die Sperrung von Webseiten keine positive Resonanz erfährt.[7] Problem bei dieser Art der Sperrung ist jedoch, dass tief in die Privatsphäre der Bürger eingegriffen wird, da alle gesendeten und empfangenen Daten ausgewertet werden müssen. Mehr dazu in späteren Kapitelabschnitten.(ACTA) Groß diskutiert werden vor allem die Internetfilter. Sie sollen, so wird argumentiert, zum Kampf gegen Kinderpornografie beitragen.
Befürworter der Internetfilter begründen ihre Meinung meist damit, dass so effektiv eine Verbreitung des Materials eingedämmt würde. Der Grundsatz dabei : Wenn es kein Angebot gibt, dann wird auch der Konsum vermindert. Zudem sei dies ein erster Schritt dahin, gegen Kinderschänder vorzugehen. Beachten muss man hierbei jedoch, dass die Seiten nicht gelöscht werden, sondern nur das Aufrufen der vermeintlich illegalen Webseiten nicht mehr erfolgen kann.
In Finnland zog die schwedische Polizei das Fazit, dass "unsere Sperrmaßnahmen leider nicht dazu beitragen, die Produktion von Webpornografie zu vermindern." Heißt soviel wie : Es gibt zuviele andere Wege, dass Material zu verwenden. Bei einer Analyse der finnischen Filterliste wird zudem offengelegt, dass 99 % der gesperrten Websiten kein kinderpornografisches Material enthalten.[8]
Demokratisch kann man diese Maßnahmen auch nicht nennen, da die Kriterien für die Sperren geheim bleiben. Was aber das beunruhigenste dabei ist: Weder Privatpersonen noch Verbraucherschützer oder Journalisten dürfen nach gesperrten Seiten recherchieren oder die Rechtmäßigkeit einer Sperrung überprüfen.[9] Befürworter der Filter halten ebenfalls das Argument vor, Websiten mit dem entsprechendem Inhalt würden über Länder verteilt, in denen die Kinderpornografie oder andere rechtwidrige Inhalte legal sein. Aber auch das scheint lediglich ein Vorwand zu sein denn richtig ist, dass der Großteil der Server, die solche Inhalte verbreiten, in Australien, die USA oder Westeuropa stehen.
Durch Beeinflussung der Bevökerung mit Massenmedien wie der Zeitung kann es auch möglich werden, dass die Bevölkerung von sich aus will, dass eine Zensur stattfindet. Ein Beispiel hierfür ist das Projekt einer englischen Zeitung, bei der falsche Informationen veröffentlicht wurden und die Politik und Bürger dazu bewegte, den Forderungen der Zeitung zu folgen (Chester's guide to: Picking up little girls)[10]
Es gibt also zum die Möglichkeiten, dass direkt die Website abgeschaltet wird, die Bürger bei illegalen Handlungen direkt belangt werden, oder aber die Internetdienstanbieter werden dazu verpflichtet, verbotene Inhalte herauszufiltern und bei einem Versuch, die Website aufzurufen, dies zu blockieren. Durch Beeinflussung der Bevölkerung durch andere Medien kann sich das Volk auch selbst zensieren. Auch werden in manchen Ländern die Benutzer und Webseitenbetreiber eingeschüchtert und das so lange, bis sie ihre Webseiten schließen. Internetcafés sind dazu verpflichtet, ihre Kunden auszuspionieren und die Daten festzuhalten.
Die Effektivität der Zensurmaßnahmen wird jedoch kritisch gesehen, da einige

7   Vgl.: Schmid, Markus: http://www.chip.de/news/Internetsperre-650.000-Franzosen-droht-Web-Pause_52050554.html (Stand: 6.3.12)
8   Vgl.: (Leider keinen Autoren gefunden): http://maraz.kapsi.fi/sisalto-en.html. (Stand: 6.3.12)
9   Vgl.: Pyczak, Thomas: Chip Nr.09/2009 Seite 3
10   Vgl.: http://www.intern.de/altes_archiv/news_archiv/4137.html (Stand: 3.3.12)

Maßnahmen bestehen, um Internetsperren zu umgehen. Es gibt zum einen Möglichkeit, über einen Provider eines anderen Landes die Internetseite anzufordern. Zum anderen gibt Dienste, die eine Anonymität im Netz sichern sollen. Diese sind ebenfalls dazu geeignet, eine Zugriffssperre zu überwinden (Tor-Netzwerk, CyberghostVPN,...).[11] Wie einfach es wirklich ist kann man an einem Video auf Youtube sehen. Diese Videoerklärung dazu dauert nicht einmal 30 Sekunden.[12]

Anzunehmen ist zudem, wagt man einen Blick in die Zukunft, dass es bei einer Etablierung von Internetsperren nicht mehr nur bei einer Ausblendung von anstößigen Inhalten bleibt, sondern dass auch private Interessen, beispielsweise von Firmen, mit einfließen könnten. Diesen Prozess kann man derzeit sehr gut beobachten. Und zwar direkt vor der eigenen Haustür beziehungsweise vor den Türen des europäischen Parlaments.[13] Genauer wird darauf noch eingegangen.

2 Freies Internet oder Eingreifen durch den Staat?

Wirtschaftliche Aspekte

Im Internet verbreiten sich auch Inhalte, deren Verbreitung per Gesetzt verboten ist, beispielsweise kostenlose Musik oder elektronische Dateien, für die man eigentlich Geld bezahlen muss oder kinderpornografische Auszüge. Für viele steht fest, dass solche Inhalte aus dem Netz genommen werden sollten. Sieht man sich die Zahlen aus wirtschaftlicher Sicht an, z.B. der Verluste durch Internetpiraterie bei der Musikindustrie, so erkennt man, dass der wirtschaftliche Sektor auf ein Eingreifen durch den Staat pocht. "2006 wurden 374 Millionen illegale Downloads aus Tauschbörsen verzeichnet. Der Schaden wird auf rund eine Milliarde Euro jährlich geschätzt.", so die Website www.originale-setzen-zeichen.at[14]

"Allein in Deutschland beträgt der Schaden durch Internetkriminalität 23,3 Milliarden Euro jährlich, weltweit sind es 282 Milliarden Euro", so eine Studie der Sicherheitsfirma Symantec, die Michael Kneissler erwähnt. "Das erreicht schon fast die Dimensionen des illegalen Drogenhandels(302 Mrd. Euro)[15] Durch illegales Handeln im Internet erleidet die Wirtschaft also irreparable Schäden. Das wohl bekannteste Portal, auf dem selbst die neuste Musik gratis bereitsteht, ist wohl YouTube. Durch die in Deutschland ansässige GEMA ist YouTube dazu angehalten, Urheberrechtsverletztende Inhalte für Deutsche Internetnutzer zu sperren. YouTube versucht, dies so weitgehend wie möglich einzuhalten, dass Problem besteht jedoch, dass lediglich aus dem "deutschen Internet" nicht auf die Inhalte zugegriffen werden kann. Aus anderen Ländern sind die Inhalte weiterhin abrufbar, da sperren nicht löschen bedeutet. Manchen Politikern scheint dies nicht ganz bewusst zu sein, wenn sie die Websperren damit begründen, dass strafbare Inhalte aus dem Netz entfernt werden müssen.[16]

Doch diese Vernetztheit der Welt hat auch für die Wirtschaft etwas Glücksbringendes, wovon vorallem Länder wie Indien oder China profitieren. Outsourcing nennt es sich

11   Vgl.:(Leider keinen Autoren gefunden): http://blog.odem.org/2009/02/internet-sperren-workshop.html,
      (Stand: 6.3.12)
12   http://www.youtube.com/watch?v=70LqFLsN5MM&feature=related, (Stand: 6.3.12)
13 Vgl. :Alger,Freude: http://odem.org/informationsfreiheit/o-ton—wieviel-und-was.html, (Stand 6.3.12)
14 Siehe: Meier, Lukas: http://www.originale-setzen-zeichen.at/305_Warum_ein_Original_Wirtschaftliche_Schaeden.htm, (Stand 2.2.2012)
15 Vgl.:Kneissler, M.: WunderWeltWissen, Seite 76ff
16 Vgl.: Pyczak, Thomas: Chip Nr.09/2009 Seite 3

und jagt wohl den meisten westlichen Bürgern erst einmal einen Schauer über den Rücken. Durch das Internet haben nämlich auch diese Länder eine Chance, denn bei Arbeiten, wie z.b. geistig anspruchsvollen Aufgaben, können sie quasi in Echtzeit einen australischen Rechtsanwalt beraten und es geht noch weiter. Denn die Welt wurde durch das Internet in gewissem Maße eingeebnet.[17] Vieles kann verlagert werden an Orte, an denen die Beschäftigung der Arbeitskräfte nur einen Bruchteil dessen kostet, was eine Arbeitskraft im Westen kosten würde. Durch einen stärkeren Ausbau dieser Verbindungen, vorallem der Glasfasernetze, könnte die Effizienz noch weiter gesteigert werden. In diesem Punkt hinkt Deutschand mit nur ca. 160.000 Anbindung abgeschlagen zurück, die Spitzenposition konnte sich Südkorea mit knapp 60% sichern. Deutschland setzt hier mehr auf einen Ausbau der Straßennetze. [18] Aber grade bei den "etwas vom weltgeschehen" abseits liegenden Ländern ist ein Ausbau der Internetverbindung sinnvoll, um mehr ins Marktgeschehen vorzurücken.

Viele wissen, dass die Wahl einer Hotline meistens damit endet, dass man mit einem ausländischen Callcenter verbunden wird. Die Mitarbeiter haben sich oft einen typischen Akzent angeeignet, damit der Kunde dies nicht bemerkt. Manches wurde jedoch schon soweit ausgelagert, dass zum Beispiel ein amerikanischer Steuerberater die Steuererklärung eines Kunden im Ausland anfertigen lassen kann. Ein indischer Wirtschaftsprüfer greift dafür auf die Daten zu, die der Steuerberater auf einen Server hochgeladen hat. Im Schlaf erledigt sich so die Arbeit und die freie Zeit kann der amerikanische Steuerberater für andere Sachen nutzen. Eine globale und effektive Kooperation kann so entstehen und Outsourcing muss daher nicht zwingend Arbeitsverlust heißen, sondern kann auch Arbeitsteilung bedeuten. Diese gesteigerte Produktivität wird durch einen freien Zugang zu den entsprechenden Berufsfeldern ermöglicht. Und es könnte noch weiter ausgebaut werden, wenn nicht die Politik eine andere Richtung vorgibt. Denn welche Firma hätte nicht gerne ein Monopol auf dem Markt, zumal dieser weltumfassend ist. Ein Unternehmen könnte dem Staat Millionenbeträge dafür bezahlen, dass mithilfe von Sperren ausländische Konkurrenz ausgesperrt wird. Das Prinzip einer freien Marktwirtschaft wäre so in Gefahr.[19] Und passend zu meiner Facharbeit wird dazu auch reichlich Stoff geliefert. Das Wort "ACTA" liest man derzeit öfters, denn das "Anti-Counterfeiting Trade Agreement" zu deutsch das Anti-Fälschungs Abkommen des Handels greift, sobald es beschlossen ist, tief in die Gesellschaft ein.[20] Eigentlich ist es dafür gedacht, den Missbrauch von bekannten Marken, wie z.B. General Motors für andere Produktsparten, zu unterbinden. Investitionen, die in ein Produkt gesteckt wurden, sollen geschützt werden. Zudem sollen Copyrightrechte international harmonisiert werden. Es schützt aber durch die Definition nicht nur Handelsmarken, sondern es kann auch als Urheberschutz jeder Idee oder Sonstiges eingesetzt werden. Die erforderliche Überwachung soll dabei so aussehen: Der Provider ist dazu angehalten, alle gesendeten Informationen auf den Inhalt zu prüfen.[21] Wird illegaler Inhalt festgestellt, so wird die Internetverbindung unterbrochen, wie es in Frankreich schon der Fall ist. Dort wird nach drei Verwarnungen das Internet für den Täter getrennt.[22] Es betrifft jedoch nicht nur die

17 Vgl.: Friedmann, Thomas L.: Die Welt ist Flach, Seite 15
18 Vgl.:Schmitt ,Kathrin: http://business.chip.de/artikel/BRD-ist-Diaspora-bei-DSL-und-kein-Ende-in-Sicht_54638887.html Stand: 3.6.12
19 Vgl.: Friedmann, Thomas L.: Die Welt ist Flach, S.82
20 Vgl.: Elzer,Christoph: http://business.chip.de/news/ACTA-So-soll-Ihre-Freiheit-beschnitten-werden_54234829.html Stand: 6.3.12
21 http://www.youtube.com/watch?feature=player_embedded&v=9LEhf7pP3Pw
22 Vgl.: Schmid, Markus:http://www.chip.de/news/Internetsperre-650.000-Franzosen-droht-Web-Pause_52050554.html, Seite: 6.3.12

Nutzer, sondern auch diejenigen, die die Inhalte bereit stellen. Portale wie YouTube oder auch Twitter könnten in dieser Form nicht weiter existieren, denn schon sobald ein Zitat aus einem Zeitungsartikel erwähnt wird, kann man theoretisch verklagt werden. Doch die Nachteile wären gravierend. Bereits geschützte Werke dürften nicht weiter verwendet werden. Da der Großteil aber aufeinander aufbaut, wird es im Endeffekt weniger davon geben und die Innovation würde einen Schaden erleiden. Lediglich die Verwerterindustrie hat einen Nutzen davon, da sie die meisten geschützten Werke inne haben. Große Medienverlage in Verbänden wie RIAA,MPAA,IfP oder BvmI versuchen mit ACTA dem Problem, dass ihr in dieser Form existierendes Verkaufsmodell aufwirft, entgegenzutreten. Das wäre auch nicht weiter schlimm, wäre es nicht eine Lobbyarbeit zwischen den Regierungen und der Verbände. Die Verhandlungen werden unter Ausschluss der europäischen Öffentlichkeit geführt und vereinbart. Alle als geschützt erklärten, virtuellen Inhalte könnten aus dem Netz gestrichen werden und die Informationsfreiheit würde enorm eingeschränkt werden. Die Konsequenzen wären Internetzensur und eine beschränkte Meinungsäußerung einhergehend mit einer eingeschränkten Meinungsbildung, eine komplette Überwachung der Tätigkeiten im Internet und die Beraubung des Rechts auf Privatsphäre, da jeder Inhalt, der gesendet oder empfangen wird, bei diesem Gesetz geprüft werden müsste.[23]

Politische Aspekte

Die Politik hat die neuen Möglichkeiten des Internets ebenfalls nicht verschlafen. Neben Parteien wie der CDU, SPD oder auch den anderen Mitgliedern des Parteienspektrums setzt vorallem das rechte Lager mehr denn je darauf, das Internet für ihre Pläne zu verwenden und Mitglieder zu rekrutieren. Statt die CD's, wie es früher üblich war, persönlich auf Schulhöfen zu verteilen, werden die derzeit kursierenden rechtsextremen Inhalte jetzt auf einer professionellen Website gratis zum Download angeboten und extrem markant auf Portalen wie Facebook, Twitter und YouTube beworben.[24] Zudem ist die Zahl der Websites mit braunem Gedankengut erschreckend in die Höhe geschossen. Stefan Glaser, der Leiter des Referats Rechtsextremismus von jugendschutz.net fügt außerdem die Anmerkung hinzu, dass 2010 mehr als 6.000 rechte Profile, Videos und Kommentare registriert wurden, dass seien dreimal so viele Seiten wie nur ein Jahr davor.[25] Das Problem nur bei diesen teilweise verfassungswidrigen Inhalten: Die Server mit den betreffenden Inhalten befinden sich größtenteils im Ausland. Denn wenn die rechte Propaganda über ausländische Server in Deutschland verbreitet wird, dann ist der Staat bei der Strafverfolgung auf die Zusammenarbeit mit den Behörden in den jeweiligen Ländern angewiesen. Und wenn das dort herrschende Gesetz keine Löschung oder Blockierung solcher Inhalte vorsieht sind die deutschen Behörden meist machtlos.
Durch Websperren in Deutschland bzw. gesamt Europa würde der Aufruf solcher Internetseiten zwar erschwert werden, jedoch werden die Seiten weder komplett unzugänglich gemacht noch gelöscht, ähnlich dem Beispiel mit YouTube.
In anderen Ländern ist es bereits üblich, dass Internet zu zensieren und die Meinungsfreiheit bzw. freie Meinungsbildung einzuschränken. Denn wie schnell es gehen kann, dass durch Mitwirkung des Internets ein Staat zugrunde gehen kann, hat sich letztes Jahr am Beispiel Libyen gezeigt. Rasend schnell verbreiteten sich Informationen via Twitter und anderer Portale in der Gesellschaft und Massen haben sich binnen weniger Stunden zu Demonstrationen zusammengefunden. Es gibt daher

---

23 http://www.youtube.com/watch?feature=player_embedded&v=9LEhf7pP3Pw
24 Siehe: Köppl, Manuel: Chip 02/2012, "Was bringen Websperren wirklich?" Seite 9
25 Siehe. Ebd., S. 9

einige Anstrengungen, vor allem, was die Meinungsäußerung betrifft, Inhalte zu zensieren und/oder sie in eine Richtung eigener Interessen zu lenken. Durch die Verfügbarkeit des Angebots Internet in theoretisch jedem Gebiet des Globus gibt es jedoch auch Gefahren von außerhalb. Denn der Zugang ist auch terroristisch Gesinnten nicht verwehrt. Durch Angriffe auf staatliche Sicherheitsanstalten und große Firmen versuchen sie, die Infrastruktur eines Landes zu stören. Dies kann soweit gehen, dass die Geschädigten ihre Daten vorrübergehend vom Netz trennen müssen oder, im schlechtesten Fall, sie die Kontrolle verlieren und vertrauliche Daten gestohlen werden. Letztes Jahr geschehen durch Hacker weltweit und veröffentlicht durch Seiten wie wikileaks.org. An diesem Beispiel kann man gut betrachten was geschieht, wenn mit einem mal alle Informationen im Internet frei zugänglich sind: Durch die aufgedeckten Missstände kommt es zu Unruhen in der Bevölkerung, niemand fühlt sich mehr sicher im WorldWideWeb. Zudem kursierte eine noch ganz andere Angst. Man bezeichnet es den "gläsernen Bürger", bei dem eine Suche im Internet reicht und man seinen Beziehungsstatus, die Hobbys und die Lieblingsband kennt. Manche hatten schon die Zukunftsvision das jemand aus einem ganz anderen Land einen bald besser kennen könnte als es vielleicht ein Freund tut. Wobei das Wort "Freund" durch Facebook und Co. eigentlich bald schon einer neuen Definition bedarf.(siehe "Gesellschaftliche Aspekte") Zurück zu den Angriffen auf staatliche Einrichtungen oder Firmen. Wie kommt es dazu, dass auch bzw grade große Firmen oder der Staat dem Treiben von Internetkriminellen unterliegen? Tatsächlich ist es nicht nur eine kleine Gruppe von Geeks, die in einem dunklen Raum sitzt und versucht, die Sicherheitsmaßnahmen der Server zu umgehen. Es ist ein gigantisches Heer von Rechnern, die solche Operationen ausführen. Gesteuert von der kleinen Gruppe, die lediglich einen Befehl an die zig tausend Rechner senden. Ein Teil dieser Armee von Rechnern kann der eigene sein. Die Hacker kapern abertausende Rechner von Personen, die davon gar nichts mitbekommen. Diese werden durch ein Schadprogramm zu einem Netzwerk zusammengeschlossen. Das Schadprogramm kann man sich auf vielen unterschiedlichen wegen in der großen, offenen Welt des Internets einfangen. Denn nach einer Studie von McAfee war jede zehnte Webseite im Netz verseucht.[26] Der Autor dieses Programms kann nun den Computer, auf dem die Schadsoftware liegt, zu seinem Belieben verwenden. Hat er genug gesammelt, so schickt er einen Befehl an die Computer, dass sie doch einmal alle gleichzeitig auf einen bestimmten Server, zugreifen sollen. Vergleichbar einem Strom von Kunden, die alle auf einmal durch eine Tür in ein Geschäft wollen, was den Fluss zum Erliegen bringt und das Geschäft dazu zwingt, den Laden vorrübergehend zu schließen.
Infolge der Ausmaße der Angriffe wurde in vielen Ländern ein Online-Abwehrzentrum geschaffen, dass vor solchen Angriffen schützen soll. Hauptsächlich aus dem Ausland. Auch in Deutschland, in dem wohl viele vermuten, dass grade hier durch die anscheinend scharfen Gesetze nur von außen Gefahr droht. Doch die Daten zeigen ein anderes Bild: In Europa belegt Deutschland beim Thema Cyber-Crime traurige Spitzenplätze. Platz eins in der Kategorie Botnetze, Platz 2 in den Kategorien Schadcode-Aktivität,Trojaner sowie Phishing-Aktivität. Der gefürchtete Gegner agiert also in großem Stil im eigenen Land.
Zwar sollte versucht werden, einen internationalen Mindeststandart zu finden; jedoch sollte zuerst das Augenmerk auf den innerländischen Problemen liegen.

---

26 Siehe: Hentschel, Andreas: http://www.focus.de/digital/computer/chip-exklusiv/tid-7568/raubkopien_aid_134754.html, erschienen 11/2007 des Computermagazins CHIP (Stand:6.3.12)

Gesellschaftliche Aspekte

Durch die Expansion der sozialen Netzwerke passiert noch etwas anderes: Es ist der multikulturelle Kontakt von Menschen, verteilt über den gesamten Globus. Sie tauschen Interessen aus und teilen zudem ihre Werte und Normen mit Menschen aus verschiedensten Kulturen. Kulturbegegnungen finden öfter und intensiver statt und die Verständigung der Völker kann leichter geschehen. Jeder kann mit jedem zu jeder Zeit über so gut wie jedes Thema diskutieren und sich austauschen.
Übertrieben wird es jedoch, wenn man durch die enge Vernetzheit der Annahme ist, 24 Stunden, sieben Tage die Woche erreichbar sein zu müssen für jedermann. In der Schule, der Freizeit, beim Einkaufen. Ein piepen reicht und man greift zum Handy und erblickt die neuste Facebook-Nachricht vom "Freund", den man zwar noch nie persönlich getroffen hat, mit dem man aber trotzdem über alles mögliche kommuniziert. Auch kommt es häufiger vor, dass der zwischenmenschliche Kontakt zu den realen Freunden leidet. War es früher so, dass man sich auf öffentlichen Plätzen oder in Gasthäusern getroffen hat, um zu reden, verabredet man sich nun zum "Treffen" auf Facebook, ICQ, Skype oder anderen virtuellen Plattformen.[27]
Auch der Parnter wird häufig nicht mehr in Diskotheken oder auf anderen "altmodischen" Wegen gefunden, sondern viele suchen das Glück der Liebe im Netz. Durch die schier unendliche Auswahl an potentiellen Partnern findet man sicher etwas. Diese riesige Auswahl hat jedoch auch ein Problem: Das unendliche Angebot lässt längere Beziehungen oft gar nicht mehr entstehen. Sobald erste Differenzen mit dem Partner entstehen begibt man sich einfach erneut ins Netz und sucht sich aus dem "Online-Katalog" die neue Liebe heraus.[28]
Durch ein freies Netz wurde eine neue Möglichkeit der Partnerwahl geschaffen. Man darf aber auch nicht verachten, dass es nicht nur jene gibt, die nach dem Motto "Sex und hopp" leben, sondern auch Menschen, die durch das Internet ihre Liebe gefunden haben. Um diesen Menschen jedoch erst einmal zu finden, muss man bei einem Test viele persönliche Merkmal und Eigenschaften angeben, damit der "perfekte" Partner vermittelt werden kann. Daher ist es wichtig, dass der Datenschutz einen hohen Stellenwert zugesprochen bekommt und die Politik hier klare Grenzen setzt. Denn kaum vorstellbar was passieren würde, würden solche Daten frei und sortiert im Internet kursieren und für jeden einsehbar sein- jeder Suchbegriff, jeder Download, jede verschickte E-Mail usw. Durch Social-Networks kann man schon eine Struktur erkennen, die in diese Richtung geht. Auf den Profilen kann man an den "Gefällt-Mir" 's erkennen, für was sich eine Person interessiert, welche Hobbys er pflegt und wo er sich grade aufhält und was er dort macht. Dies geschieht nicht durch die Webseite automatisch, sondern durch den Nutzer. Er gibt alle diese Daten frei und die meisten denken auch nicht darüber nach, was sie dort eigentlich genau tun. Die Webseite will dadurch nur maßgeschneiderte Werbung einblenden und ihren Gewinn maximieren, aber wenn man sich das Szenario vorstellt, dass jemand, den man nicht kennt einen anspricht und sagen kann, was man gestern gegessen hat, welchen Film man dabei angeschaut hat und wo und wann dies war, dann kommt man schon ins Überlegen.

Durch die enge Verbundenheit der einzelnen Aspekte kann man gut erkennen, welche Auswirkungen Gesetze auf den verschiedenen Ebenen haben kann. Daher muss es sehr gut überlegt sein, welche Vor- und Nachteile ein Gesetz für die einzelnen Bereiche mit sich zieht, denn ein für die Wirtschaft vorteilhaftes Gesetz kann z.B. für die Gesellschaft

---

27 Vgl.: Irrgang, Bernhard: Internetethik Philosophische Versuche zur Kommunikationskultur im Informationszeitalter, Würzburg 2011, S.29
28 Vgl. :Jansen, Nadine: "Sex und Hopp", Stern Nr.4/12,Seite 93

große Nachteile, meist in Form von Einschränkungen bei der Nutzung des Internets, haben.

3 Fazit

Fässt man die Argumente zusammen und wägt man sie gegeneinander ab, dann ergibt sich daraus, dass viele der Argumente, die dafür sprechen, nicht vollständig ausgeführt sind und schnell widerlegt werden können. Eine Aufrufsperre der Webseiten allein wird nichts gegen die Verbreitung illegalen Materials ausrichten können. Ferner sind solche Sperrmaßnahmen extrem Kostenaufwändig und technisch unausgereift, Regelungen sind noch undurchdacht und untransparent. Maßnahmen zur Umgehung solcher Blockaden sind einfach zu verwirklichen. Die meist angeführte Begründung, man müsste irgendwie beginnen, gegen illegale Inhalte vorzugehen, sind in dieser Ausführung nicht akzeptabel. Vielmehr müsste man effizienter dort ansetzen, von wo aus die Inhalte erstellt werden und Server, die Material nicht rechtmäßigen Inhalts zu Verfügung stellen, abgeschaltet werden. Jedoch sollte auch dies nicht hinter geschlossenen Türen passieren und die Bevölkerung muss große Aktionen legitimieren. Die Aufrufsperre/Verpflichtung der Internetdienstanbieter zur Überprüfung der Daten, könnte mehr zu wirtschaftlichem und politischem Interesse ausufern beziehungsweise es ist dabei, in eben diese Richtung zu gehen. Der Grundsatz des Internets, die Informationsfreiheit und Anonymität für alle, würde so gebrochen werden. Und wenn nicht einmal mehr Journalisten und Verbraucherverbände einen Einblick in das haben können, was dort geschieht und sich bei einem Versuch dabei strafbar machen, dann hat der Bürger keine Chance mehr, sich irgendwie ein Bild der vom ganzen machen zu können. Die Politik und Demokratie wäre am Ende. Das Internet würde kontrolliert werden von Konzernen und politischen Organisationen, die ihre eigenen Interessen haben und die Meinungsbildung stark in eine Richtung beeinflussen könnten. Politisch ist dies in manchen Ländern bereits der Fall. Dort werden von politisch andersdenkenden Beiträge blockiert und die Inhalte des Internets dem Willen der politschen Führung angepasst. Würde großen Konzernen das Recht auf ACTA in der jetzigen Form zugesprochen, so könnte es, neben Verlust der Privatsphäre, zu nachlassender technischer Innovation und der Unterdrückung der freien Meinungsäußerung kommen. Es ist zudem ziemlich Paradox, dass zum einen ein verstärkter Datenschutz von der Politik durchgesetzt wird, zum anderen aber per ACTA und anderer Gesetze der Bürger "gläsern" für den Staat wird. Nicht der Staat ist dann das Transparente in einem Land, sondern seine Bürger. Und dies kann sehr gefährlich werden. Denn schwindet bei den Bürgern das Freiheitsempfinden, welches in einer Demokratie ein wesentlicher Bestandteil ist, dann verlieren sie auch das Vertrauen in die Politik und deren Handlungen.[29]
Illegale Inhalte sollten zwar bekämpft werden, dies sollte allerdings auf anderen Wegen erfolgen, wie zum Beispiel dadurch, dass die Bevölkerung informiert wird, was für Nachteile das illegale Verbreiten von urheberrechtsverletzenden Inhalten oder anderen unzulässigen und schädigenden Angeboten nach sich zieht. Niemals jedoch darf das Internet ein Spielfeld für wirtschaftliche oder politische Interessen werden. Es muss weiterhin einen freien Informationsfluss geben, damit Innovationen und der Kulturaustausch stattfinden können. Sperrmaßnahmen von wirklich illegalen und demokratisch legitimierten Inhalten sind angebracht, wobei sich hier z.B. Finnland das eigene Grab geschaufelt hat, indem Links auf der Filterliste zu 99% kein

---

29 Vgl.: Irrgang, Bernhard: Internetethik Philosophische Versuche zur Kommunikationskultur im Informationszeitalter, Würzburg 2011, S.56

kinderpornographisches Material enthielt.[30]

Quellenverzeichnis:

http://blog.odem.org/2009/02/internet-sperren-workshop.html
http://www.intern.de/altes_archiv/news_archiv/4137.html
http://maraz.kapsi.fi/sisalto-en.html
http://de.wikipedia.org/wiki/Zensur_im_Internet
http://de.wikipedia.org/wiki/Internet
http://www.youtube.com/watch?feature=player_embedded&v=9LEhf7pP3Pw
http://www.youtube.com/watch?v=70LqFLsN5MM&feature=related
Alger, Freude: http://odem.org/informationsfreiheit/o-ton—wieviel-und-was.html
Elzer, Christoph: http://business.chip.de/news/ACTA-So-soll-Ihre-Freiheit-beschnitten-
            werden_54234829.html
Jansen, Nadine: "Sex und Hopp", Stern Nr.4/12
Kneissler, M., WunderWeltWissen
Friedmann, Thomas L.: Die Welt ist Flach
Irrgang, Bernhard: Internetethik Philosophische Versuche zur Kommunikationskultur im
            Informationszeitalter, Würzburg 2011
Hentschel, Andreas: http://www.focus.de/digital/computer/chip-exklusiv/tid-
            7568/raubkopien_aid_134754.html, erschienen 11/2007 des Computermagazins
            CHIP
Köppl, Manuel: Chip 02/2012, "Was bringen Websperren wirklich?"
Meier, Lukas: http://www.originale-setzen-
            zeichen.at/305_Warum_ein_Original_Wirtschaftliche_Schaeden.htm
Pyczak, Thomas, Chip Nr.09/2009
Schmitt ,Kathrin: http://business.chip.de/artikel/BRD-ist-Diaspora-bei-DSL-und-kein-Ende-in-
            Sicht_54638887.html
Schmid, Markus: http://www.chip.de/news/Internetsperre-650.000-Franzosen-droht-Web-
            Pause_52050554.html

---

30   Vgl.: (Leider keinen Autoren gefunden), http://maraz.kapsi.fi/sisalto-en.html
(Stand:6.3.12)